NOTE MINISTÉRIELLE DU 19 OCTOBRE 1890

RELATIVE

AUX MÉDICAMENTS ET AU MATÉRIEL

Que les corps de troupe sont autorisés à tirer

DES

ÉTABLISSEMENTS DU SERVICE DE SANTÉ

POUR

L'APPROVISIONNEMENT DES INFIRMERIES RÉGIMENTAIRES

3e ÉDITION

PARIS
HENRI CHARLES-LAVAUZELLE
Éditeur militaire
11, PLACE SAINT-ANDRÉ-DES-ARTS, 11
(Même maison à Limoges.)

1897

NOTE MINISTÉRIELLE DU 19 OCTOBRE 1890

RELATIVE

AUX MÉDICAMENTS ET AU MATÉRIEL

Que les corps de troupe sont autorisés à tirer

DES

ÉTABLISSEMENTS DU SERVICE DE SANTÉ

POUR

L'APPROVISIONNEMENT DES INFIRMERIES RÉGIMENTAIRES

NOTE MINISTÉRIELLE DU 19 OCTOBRE 1890

RELATIVE

AUX MÉDICAMENTS ET AU MATÉRIEL

Que les corps de troupe sont autorisés à tirer

DES

ÉTABLISSEMENTS DU SERVICE DE SANTÉ

POUR

L'APPROVISIONNEMENT DES INFIRMERIES RÉGIMENTAIRES

3e ÉDITION

PARIS
HENRI CHARLES-LAVAUZELLE
Éditeur militaire
11, PLACE SAINT-ANDRÉ-DES-ARTS, 11
(Même maison à Limoges.)

1897

NOTE MINISTÉRIELLE DU 19 OCTOBRE 1890

RELATIVE

AUX MÉDICAMENTS ET AU MATÉRIEL

Que les corps de troupe sont autorisés à tirer

DES

ÉTABLISSEMENTS DU SERVICE DE SANTÉ

POUR

L'APPROVISIONNEMENT DES INFIRMERIES RÉGIMENTAIRES

Afin d'assurer l'exécution des prescriptions du décret portant règlement sur le service de santé à l'intérieur, et par application des dispositions de la nouvelle nomenclature générale du matériel du service de santé, le Ministre a décidé que les corps de troupe se conformeront désormais aux prescriptions suivantes pour l'approvisionnement des infirmeries régimentaires.

I. — L'extrait ci-joint de la nomenclature générale du matériel du service de santé remplace celui qui était annexé à la note ministérielle du 17 avril 1889, laquelle est abrogée.

II. — Le décret précité trace les règles à suivre pour l'établissement des demandes trimestrielles de matériel. Les directeurs du service de santé doivent veiller avec le plus grand soin à ce qu'elles ne comportent que les objets présumés nécessaires, et ils comparent, à cet effet, les quantités demandées aux quantités existantes; *ces dernières doivent toujours être indiquées sur l'état de demande (modèle annexé au règlement sur le service de santé à l'intérieur)*.

Conformément aux prescriptions de ce règlement, il sera établi, en double expédition, des demandes spéciales séparées : l'une pour les médicaments, réactifs et accessoires à provenir des pharmacies, l'autre pour le matériel de pansement et le matériel à fournir par les magasins.

Toutefois, les objets et instruments pour la vaccination animale, ainsi que les tables de nuit, seront toujours compris sur une demande spéciale, qui sera soumise à l'approbation du Ministre.

III. — Les quantités inscrites dans la nomenclature en regard de chaque médicament ne sont qu'approximatives. Elles peuvent ne pas être atteintes, de même qu'elles peuvent être dépassées. Mais, dans ce dernier cas, le médecin chef de service devra toujours indiquer les motifs qui rendent cette augmentation nécessaire. Dans le cas où cette formalité ne serait pas remplie, le directeur du service de santé fixera d'office la quantité à allouer.

Afin de faciliter le travail des expéditions, il est recommandé de ne porter sur les demandes que des chiffres représentant, autant que possible, des multiples ou des sous-multiples des fixations réglementaires pour un trimestre : l'obligation d'indiquer les restants n'entraîne pas celle de demander *exactement* la différence entre ces restants et les fixations réglementaires.

IV. — Les récipients vides et les matériaux d'emballage seront restitués aux établissements livranciers, toutes les fois que les frais d'expédition seront inférieurs à la valeur de ces objets.

Les récipients devront toujours être propres, en parfait état et prêts à être utilisés. Les frais de transport des objets reconnus inutilisables seront mis à la charge des expéditeurs.

Pour éviter les envois trop fréquents, les réexpéditions ne devront avoir lieu que lorsque le poids ou le volume du matériel à expédier atteindra un chiffre convenable; mais on n'attendra jamais qu'il y ait accumulation excessive du matériel.

V. — Dans le but d'éviter les accidents et de prévenir toute méprise dans l'exécution du service, il convient de placer chaque médicament dans le récipient qui lui est assigné par la nomenclature. *Ce matériel spécial de contenants n'a aucun rapport avec le matériel d'expédition :* il sert à la manutention des médicaments dans le service de l'infirmerie. Ces récipients doivent toujours être revêtus d'une étiquette indiquant la tare du contenant, et, en grosses lettres, le nom de la substance (1). Si celle-ci est destinée à l'usage externe, on ajoute une étiquette rouge orangé.

VI. — Les substances toxiques énumérées dans le tableau ci-après sont toujours placées dans le compartiment fermant à clef dont sont pourvues les armoires à médicaments; les prescriptions des articles 3 et 4 de la note sur la tenue de l'armoire aux poisons, insérée dans le formulaire pharmaceutique, page 265, leur sont applicables.

VII. — Les bandages herniaires, les bas élastiques les lunettes, les suspensoirs en tricot, etc., nécessaires aux militaires, seront délivrés par les hôpitaux militaires et hospices civils dans

---

(1) Les hôpitaux militaires sont, de leur côté, tenus d'inscrire la tare sur les récipients d'expédition.

les conditions déterminées par le règlement sur le service de santé.

VIII. — Les médecins chefs de service devront, quand les locaux le permettront, faire procéder au blanchissage à l'économie du linge à pansement de l'infirmerie, au moyen des lessiveuses introduites dans la nomenclature. La lessiveuse sans foyer sera employée lorsqu'elle pourra s'adapter aux fourneaux de l'infirmerie.

Les quantités de savon et de cristaux de soude à employer pour le lessivage de 1 kilogramme de linge à pansement sont approximativement de :

Cristaux de soude : 50 à 70 grammes.
Savon : 25 à 30 grammes.

IX. — Pour diminuer autant que possible les frais de transport, les corps de troupes stationnés dans les garnisons dépourvues d'hôpital militaire sont autorisés à se procurer directement, par voie d'achat sur place, les matières et objets suivis de la lettre A, lorsque ce prix d'achat ne dépassera pas le prix ministériel inscrit dans la nomenclature.

X. — Le matériel de mobilisation dont les corps sont détenteurs doit toujours être tenu au complet et en bon état d'entretien. Les médecins chefs de service devront procéder à des échanges réguliers entre le matériel de la réserve de guerre et celui du service courant, en se conformant aux dispositions du règlement sur le service de santé.

Dans le cas de besoin, des demandes supplémentaires devront être faites pour que ces approvisionnements de réserve soient complétés.

XI. — Les corps de troupe devront classer leur matériel de réserve sous les numéros ci-après de la nomenclature générale du matériel du service de santé :

	XV	Chargement de voitures médicales régimentaires	A décompter aux prix des tableaux indicatifs de la composition de ces unités.
	XVI	Equipement de l'infirmier régimentaire de troupes à pied.	
	XVII	Rouleau de secours aux asphyxiés	
	XVIII	Sac d'ambulance	
	XIX	Sacoches d'ambulance (paire de)	
	XXII	Cantines médicales (paire de)	
	XXIV	Chargement de voiture à 2 roues pour le transport des blessés.	
	XXIX	Musette à pansement	
	XXX	Paniers de réserve de pansement pour le service régimentaire (paire de)	
17	26	Trousse d'infirmier	21fr75
71	33	Brancard articulé avec bretelles (à hampes se repliant sur elles-mêmes). *Spécial aux troupes de montagne*	30f »
	34	Brancard avec bretelles	25 »
	36	Brassard de neutralité pour sous-officier et soldat	0 50
73	1	Bâche pour brancards ou couvertures (pour 4 brancards)	22 »
	2	Bâche pour brancard articulé (pour 1 brancard)	12 »

XII. — Lorsqu'ils changent de garnison, les corps de troupe se conforment aux prescriptions du règlement sur le service de santé pour le matériel et les médicaments de l'infirmerie régimentaire; mais ils emportent le matériel de mobilisation dont ils sont détenteurs, à l'exception de celui qui appartient à l'armée territoriale, qui doit être pris en charge par le corps arrivant.

XIII. — Les médicaments et objets qui existent dans les infirmeries régimentaires et qui ne sont pas compris dans la nouvelle nomenclature seront inscrits avec des lettres A, B, C, etc., à la suite des numéros détaillés dont ils peuvent être rapprochés; ils seront utilisés jusqu'à épuisement ou jusqu'à ce que leur mise hors de service ait été prononcée.

XIV. — Les directeurs du service de santé sont chargés d'assurer l'exécution de ces dispositions, notamment en ce qui concerne les échanges entre le service courant et la réserve de guerre.

TABLEAU indiquant les substances toxiques qui doivent être renfermées dans le compartiment fermant à clef de l'armoire aux poisons.

1	5.	Acide azotique du commerce.
	9.	— chlorhydrique pur.
	10.	— chromique cristallisé.
	44.	Alcoolé d'extrait d'opium.
	78.	Antimoine. Emétique pulvérisé.
	79.	— Kermès officinal (Cluzel).
	82.	Argent. Azotate d'argent cristallisé.
	87.	Atropine. Sulfate.
	112.	Caustique à l'azotate d'argent fondu (Pierre infernale).
	118.	Caustique de Vienne, en poudre.
	129.	Chloroforme anesthésique.
	132.	Cocaïne (Chlorhydrate).
	186.	Extrait d'opium (en pilules).
	277.	Mercure. Calomel à la vapeur.
	281.	— Protoiodure de mercure.
	287.	Morphine. Chlorhydrate.
	320.	Plomb. Sous-acétate de plomb liquide.
	423.	Solution de sublimé corrosif concentrée, au 10e.
	428.	— phéniquée concentrée, à 1/2.
	465.	Zinc. Sulfate de zinc officinal.
2	7.	Granule d'acide arsénieux à 1 milligramme.

TABLEAU

indiquant les médicaments, objets de pansement et matériel que les conseils d'administration des corps de troupe sont autorisés à tirer des établissements du service de santé pour les besoins des infirmeries régimentaires.

(Mis en concordance avec les prescriptions ministérielles des 15 février 1894 et 30 octobre 1896 et avec les modifications apportées à la nomenclature générale du service de santé.)

NOTA. — Les médecins des corps de troupe sont tenus de ne porter sur leurs demandes que des quantités fixes en nombres ronds, déterminées à la première partie du tableau suivant (quantités pouvant être demandées pour trois mois), entre lesquelles ils choisiront celles qui répondent le mieux aux besoins à prévoir. Dans les cas exceptionnels où la quantité maxima sera insuffisante, elle devra être augmentée de l'une des quantités fixes et l'on expliquera le motif de cet excédent dans la colonne des observations. Il est expressément rappelé à cette occasion que les médecins chefs de service doivent toujours se rendre un compte exact des restants avant de procéder à l'établissement de leurs demandes de médicaments, afin d'éviter toute majoration d'approvisionnement.

DÉNOMINATION ET CLASSIFICATION DES MATIÈRES ET OBJETS — PAR UNITÉ SOMMAIRE. Numéro	Dénomination.	PAR UNITÉ DÉTAILLÉE. Numéro	Dénomination.	UNITÉ réglementaire.	PRIX ministériel. fr. c.	QUANTITÉS FIXES pouvant être demandées pour 3 mois				DÉSIGNATION DES CONTENANTS (A).	NUMÉROS d'ordre par unité sommaire.	unité détaillée.	OBSERVATIONS.
		3	Acide acétique ordinaire.......	Kil.	3 »	» 060	» 030	»	»	Flacon ouverture ordinaire, bouché à l'émeri, de 12 centilitres..	30	101	100 grammes de vinaigre contiennent approximativement 15 grammes d'acide acétique ordinaire.
		5	— azotique du commerce..	Id.	» 50	» 100	» 050	»	»	Id. de 25 centilitres...............	30	100	
		7	— borique cristallisé......	Id.	1 50	1 »	» 750	» 500	» 250	Flacon dit poudrier, de 2 litres...	30	115	
		9	— chlorhydrique pur......	Id.	» 80	» 200	» 100	» 050	»	Flacon ouverture ordinaire, bouché à l'émeri, de 25 centilitres......	30	100	
		10	— chromique cristallisé...	Id.	10 »	» 010	» 005	»	»	Flacon large ouverture, id., de 3 centilitres........................	30	91	
		11	— chrysophanique.........	Id.	50 »	» 030	» 030	» 010	»	Flacon dit poudrier, de 12 centilitr.	30	121	
		20	— tartrique cristallisé.....	Id.	5 »	» 200	» 100	» 050	»	Id. de 50 centilitres...............	30	119	
		23	Alcool à 95°............... A.	Id.	4 50	1 500	1 200	» 800	» 400	Flacon ouverture ordinaire, bouché à l'émeri, de 1 litre.............	30	97	
		28	— dénaturé............ A.	Id.	2 »	1 500	1 200	» 800	» 400	Id. de 1 litre......................	30	97	En Corse, en Algérie et en Tunisie, il n'y a pas lieu d'employer l'alcool dénaturé.
		30	Alcoolat de mélisse composé..	Id.	5 »	» 100	» 050	»	»	Id. de 25 centilitres...............	30	100	
		32	Alcoolé aromatique..........	Id.	3 50	» 300	» 200	» 100	»	Id. de 50 centilitres...............	30	99	
		35	— de badiane...........	Id.	5 »	» 100	» 050	»	»	Id. de 25 centilitres...............	30	100	
1	Médicaments (au poids)....	38	— de camphre concentré.	Id.	4 40	» 800	» 400	» 200	»	Id. de 1 litre......................	30	97	Il ne sera plus délivré d'alcoolé de camphre étendu. L'alcoolé de camphre concentré ne sera employé qu'après avoir été étendu ainsi qu'il suit : Alcoolé de camphre concentré......... 0k250 Alcool à 95°......... » 341.5 Eau................. » 408.5 Alcoolé de camphre étendu........... 1k000
		40	— de cannelle..........	Id.	6 »	» 400	» 200	» 100	»	Id. de 50 centilitres...............	30	99	
		44	— d'extrait d'opium.....	Id.	12 »	» 200	» 100	» 050	»	Id. de 25 centilitres...............	30	100	
		46	— d'iode..............	Id.	7 70	» 600	» 400	» 200	» 100	Id. de 1 litre......................	30	97	
		51[3]	— de Panama (pour usages médicinaux).....	Id.	4 »	» 800	» 400	»	»	Id. de 1 litre......................	30	97	Ne sera accordé que sur demande spéciale.
		52	— de quinquina gris.....	Id.	4 30	1 600	1 200	» 800	» 400	Id. de 1 litre......................	30	97	
		61	Alumine. Alun pulvérisé......	Id.	» 40	» 500	» 300	» 200	» 100	Flacon dit poudrier, de 1 litre....	30	117	
		63	Amadou......................	Id.	5 »	» 050	» 030	» 010	»	Id. de 1 litre......................	30	117	
		66	Ammoniaque liquide....... A.	Id.	» 50	» 200	» 100	»	»	Flacon ouverture ordinaire, bouché à l'émeri, de 25 centilitres......	30	100	
		78	Antimoine. Émétique pulvérisé	Id.	4 30	» 005	» 002	»	»	Flacon dit poudrier, de 6 centilitres.	30	122	
		79	— Kermès officinal (Cluzel)....................	Id.	10 »	» 050	» 030	» 010	»	Id. de 12 centilitres...............	30	121	
		82	Argent. Azotate d'argent cristallisé.........................	Id.	130 »	» 010	» 005	»	»	Flacon large ouverture, bouché à l'émeri, de 3 centilitres.........	30	91	Flacon en verre jaune.
		87	Atropine. Sulfate............	Id.	700 »	» 0005	» 0002	»	»	Flacon dit poudrier, de 1 centilitre.	30	124	
		98	Bismuth. Sous-azotate........	Id.	20 »	1 »	» 750	» 500	» 250	Id. de 1 litre......................	30	117	
		107	Camomille romaine. Fleur....	Id.	2 »	» 250	» 100	»	»	Boîte en fer-blanc pour 1 kilog. de sulfate de quinine...........	30	31	

(A) Voir le § V des prescriptions de la note ministérielle ci-dessus.

Dénomination et classification des matières et objets — Par unité sommaire — Numéro	Dénomination	Par unité détaillée — Numéro	Dénomination	Unité réglementaire	Prix ministériel (fr. c.)	Quantités fixes pouvant être demandées pour 3 mois				Désignation des contenants	Numéros d'ordre par unité sommaire	Numéros d'ordre par unité détaillée	Observations
1	Médicaments (au poids).... (suite).	112	Caustique à l'azotate d'argent fondu (pierre infernale)......	Kil.	140 »	» 020	» 010	» 005	»	Flacon large ouverture, bouché à l'émeri, de 12 centilitres........	30	89	
		118	Caustique de Vienne, en poudre	Id.	1 »	» 030	» 010	»	»	Id. de 6 centilitres................	30	90	
		129	Chloroforme anesthésique.....	Id.	6 »	» 250	» 150	» 060	»	Flacon ouverture ordinaire, bouché à l'émeri, de 12 centilitres......	30	101	Flacon en verre jaune.
		132	Cocaïne. Chlorhydrate.........	Id.	800 »	» 005	» 003	» 001	»	Flacon dit poudrier, de 3 centilitres.	30	123	
		135	Collodion....................	Id.	5 »	» 100	» 050	»	»	Flacon ouverture ordinaire, bouché à l'émeri, de 25 centilitres......	30	100	
		137	Copahu......................	Id.	7 »	4 »	3 »	2 »	1 »	Id. de 1 litre.....................	30	97	
		144	Crésyl (Créoline).............	Id.	1 50	5 »	3 »	1 »	»	Dans le récipient d'origine.......			
		146	Cuivre. Sulfate de cuivre.....	Id.	» 90	2 »	1 »	» 500	» 250	Pot cylindrique, en grès vernissé, de 2 litres......................	30	178	Nota. — Les pots en grès sont couverts avec une broche en liège.
		154	Eau distillée.................	Id.	» 10	1 »	» 500	»	»	Flacon ouverture ordinaire, bouché à l'émeri, de 1 litre............	30	97	
		156	Eau distillée de laurier-cerise.	Id.	1 »	» 250	» 100	»	»	Id. de 25 centilitres	30	100	
		169	Éponge fine (pour la chirurgie).	Id.	45 »	» 020	» 010	» 005	»	Bocal pour fleurs et racines, de 1 lit.	30	27	Couvert avec une capsule.
		176	Éther sulfurique alcoolisé.....	Id.	4 »	» 150	» 100	» 050	»	Flacon ouverture ordinaire, bouché à l'émeri, de 25 centilitres......	30	100	
		177	— rectifié.......	Id.	3 »	» 100	» 050	»	»	Id. de 25 centilitres..............	30	100	
		186	Extrait d'opium..............	Id.	90 »	» 020	» 015	» 010	» 005	Étui en fer-blanc, pour pilules....	5	10	Sera délivré en pilules de cinq centigrammes.
		190	— de réglisse gommé....	Id.	4 »	2 »	1 500	1 »	» 500	Pot cylindrique, en grès vernissé, de 2 litres......................	30	178	
		198	Fer. Perchlorure de fer liquide	Id.	» 70	» 100	» 050	»	»	Flacon dit goulot, de 25 centilitres	30	110	Bouchon en caoutchouc.
		200	— Sulfate de fer du commerce.................	Id.	» 20	5 »	3 »	2 »	1 »	Pot cylindrique, en grès non vernissé, de 10 litres..............	30	171	
		202	— Tartrate de fer et de potasse..................	Id.	6 »	» 050	» 030	» 010	»	Flacon dit poudrier, de 12 centilit.	30	121	
		214	Glycéré de sucrate de chaux..	Id.	» 60	» 500	» 250	» 100	»	Flacon dit goulot, de 1 litre.......	30	107	
		215	Glycérine officinale...........	Id.	2 »	1 »	» 600	» 300	» 150	Flacon ouverture ordinaire, bouché à l'émeri, de 1 litre............	30	97	
		216	Glyzine......	Id.	10 »	1 500	1 »	» 500	» 250	Flacon dit poudrier, de 1 litre....	30	117	
		220	Gomme du Sénégal...........	Id.	5 »	2 »	1 »	» 500	» 250	Pot cylindrique en grès vernissé de 2 litres......................	30	178	
		222	Goudron de bois........... A.	Id.	» 40	» 500	» 250	»	»	Id. de 1 litre.....................	30	179	
		229	Huile camphrée...............	Id.	2 »	1 800	1 200	» 900	» 450	Flacon ouverture ordinaire, bouché à l'émeri, de 1 litre............	30	97	
		232	— de cade vraie..........	Id.	1 20	» 200	» 100	»	»	Id. de 25 centilitres..............	30	100	
		235	— de foie de morue........	Id.	1 50	5 »	3 »	2 »	1 »	Id. de 1 litre.....................	30	97	
		238	— d'olive.............. A.	Id.	2 50	» 200	» 100	»	»	Id. de 25 centilitres..............	30	100	
		239	— de ricin................	Id.	1 60	» 400	» 250	» 100	»	Id. de 30 centilitres..............	30	99	
		241[2]	— lourde de houille émulsionnée au panama.....	Id.	» 50	10 »	5 »	2 »	»	Bouteille en verre noir, de 5 litres	30	38	
		249	Iodoforme pulvérisé..........	Id.	55 »	» 100	» 050	» 020	»	Flacon dit poudrier, de 25 centilitres..........................	30	120	Flacon en verre jaune.
		262	Lin : semence............. A.	Id.	» 60	3 »	2 »	1 »	»	Pot cylindrique, en grès non vernissé, de 6 litres...............	30	172	
		265	Magnésie. Sulfate de magnésie.	Id.	» 20	10 »	6 »	4 »	2 »	Id. en grès vernissé, de 10 litres..	30	175	
		277	Mercure. Calomel à la vapeur.	Id.	9 »	» 050	» 030	» 010	»	Flacon dit poudrier, de 6 centilit.	30	122	

DÉNOMINATION ET CLASSIFICATION DES MATIÈRES ET OBJETS				UNITÉ réglementaire.	PRIX ministériel.	QUANTITÉS FIXES pouvant être demandées pour 3 mois				DÉSIGNATION DES CONTENANTS.	NUMÉROS d'ordre par		OBSERVATIONS.
PAR UNITÉ SOMMAIRE.		PAR UNITÉ DÉTAILLÉE.											
Numéro	Dénomination.	Numéro	Dénomination.		fr. c.						unité sommaire.	unité détaillée.	
		281	Mercure. Protoiodure de mercure	Kil.	19 »	» 015	» 010	» 005	»	Flacon de 12 centilitres	30	121	Sera délivré en pilules de vingt-cinq milligrammes.
		285	Miel blanc A.	Id.	1 50	1 500	1 — »	» 500	»	Pot de pharmacie, avec couvercle, de 1 litre	30	181	
		287	Morphine. Chlorhydrate	Id.	300 »	» 002	» 001	» 0005	»	Flacon dit poudrier, de 3 centilitres	30	123	
		308	Orge mondé A.	Id.	» 40	10 »	6 »	4 »	2 »	Pot cylindrique, en grès non vernissé, de 10 litres	30	171	
		313[2]	Pilules de quinine (chlorhydrate basique) à 1 décigr.	Id.	130 »	» 020	» 010	»	»	Etui en fer-blanc, pour pilules	5	10	Ne seront accordées qu'après épuisement complet des approvisionnements de sulfate de quinine.
		314	Pilules de sulfate de quinine, à 1 décigramme	Id.	110 »	» 020	» 010	»	»	Id.	5	10	
		320	Plomb. Sous-acétate de plomb liquide	Id.	» 40	1 »	» 600	» 300	»	Flacon dit goulot, de 1 litre	30	107	20 grammes pour 1.000 gr. d'eau blanche.
		327	Pommade antipsorique	Id.	2 30	2 »	1 »	» 500	»	Pot de pharm. avec couvercle, de 1 l.	30	181	
		329	— mercurielle	Id.	5 »	» 500	» 250	» 100	»	Id. de 1 litre	30	181	
		331	Potassium. Azotate de potasse.	Id.	» 70	» 250	» 100	»	»	Flacon dit poudrier, de 50 centilitres.	30	119	
		333	— Bromure de potassium	Id.	6 »	» 200	» 100	» 050	»	Id. de 25 centilitres	30	120	
		335	— Chlorate de potasse.	Id.	2 »	» 500	» 300	» 100	»	Id. de 50 centilitres	30	119	
1	Médicaments (au poids) .... (suite).	339	— Iodure de potassium	Id.	32 »	» 500	» 300	» 200	» 100	Id. de 50 centilitres	30	119	
		340	— Permanganate de potasse	Id.	3 50	» 200	» 100	»	»	Id. de 25 centilitres	30	120	
		343	— Savon vert A.	Id.	» 50	5 »	3 »	1 »	»	Pot cylindrique en grès vernissé, de 6 litres	30	176	
		344	— Silicate de potasse.	Id.	» 50	2 »	1 »	» 500	»	Bouteille en verre noir, non bouchée, de 2 litres	30	41	
		345	Poudre d'amidon	Id.	» 80	1 »	» 500	» 250	»	Flacon dit poudrier, de 1 litre	30	117	
		347	— de camphre	Id.	5 50	» 100	» 050	»	»	Id. de 25 centilitres	30	120	
		359	— d'ipécacuanha	Id.	20 »	» 250	» 150	» 100	» 050	Id. de 50 centilitres	30	119	
		362	— de lin	Id.	» 70	3 »	2 »	1 »	»	Pot cylindrique en grès, vernissé, de 6 litres	30	176	
		363	— de moutarde	Id.	» 90	2 »	1 »	» 500	»	Id. de 4 litres	30	177	
		365	— de poivre cubèbe	Id.	13 »	1 500	1 »	» 500	»	Id. de 2 litres	30	178	
		371	— de réglisse nº 1	Id.	1 20	» 250	» 100	»	»	Flacon dit poudrier, de 50 centilitres.	30	119	
		373	— de rhubarbe	Id.	6 »	» 100	» 050	»	»	Id. de 25 centilitres	30	120	
		389	Riz A.	Id.	» 60	3 »	2 »	1 »	» 500	Pot cylindrique en grès, non vernissé de 4 litres	30	173	
		403[3]	Sinapisme liquide	Id.	15 »	» 050	» 025	»	»	Flacon dit goulot, de 6 centilitres.	30	112	Ne sera accordé qu'après épuisement complet des approvisionnements de papier sinapisé.
		413	Sodium. Bicarbonate de soude.	Id.	» 40	» 500	» 250	» 100	»	Flacon dit poudrier, de 1 litre	30	117	
		414	— Borate de soude	Id.	1 80	» 100	» 050	»	»	Id. de 25 centilitres	30	120	
		415	— Carbonate de soude (cristaux) A.	Id.	» 20	5 »	3 »	1 »	»	Pot cylindrique en grès, vernissé, de 6 litres	30	176	
		417	— Salicylate de soude	Id.	24 »	» 150	» 100	» 050	»	Flacon dit poudrier, de 25 centilitr.	30	120	

DÉNOMINATION ET CLASSIFICATION DES MATIÈRES ET OBJETS — PAR UNITÉ SOMMAIRE. Numéro	Dénomination.	PAR UNITÉ DÉTAILLÉE. Numéro	Dénomination.	UNITÉ réglementaire.	PRIX ministériel.	QUANTITÉS FIXES pouvant être demandées pour 3 mois				DÉSIGNATION DES CONTENANTS.	NUMÉROS d'ordre par unité sommaire.	NUMÉROS d'ordre par unité détaillée.	OBSERVATIONS.
					fr. c.								
1	Médicaments (au poids)…. (*suite*).	422	Solution de quinine au 20e : Chlorhydrate basique…….	Kil.	7 50	1 »	» 500	»	»	Flacon ouverture ordinaire, bouché à l'émeri, de 1 litre…………	30	97	Ne sera accordé qu'après épuisement complet des approvisionnements de sulfate de quinine.
		423	Solution de sublimé corrosif concentrée, au 10e……….	Id.	1 50	1 »	» 750	» 500	» 250	Id. de 50 centilitres………….	30	99	Chaque centimètre cube de la solution contient 1 décigramme de sublimé.
		424	Solution de quinine, au 20e : sulfate (modifié)…………	Id.	7 »	1 »	» 750	» 500	» 250	Id. de 1 litre………………….	30	97	
		425	Solution de Van Swieten……	Id.	» 30	1 »	» 500	»	»	Id. de 1 litre………………….	30	97	
		428	Solution phéniquée concentrée, à 1/2…………………	Id.	3 60	2 »	1 500	1 »	» 500	Id. de 1 litre………………….	30	97	Deux centimètres cubes de la solution contiennent 1 gr. d'acide phénique.
		429	Son de froment………… A.	Id.	» 30	4 »	2 »	1 »	»	Pot cylindrique en grès non vernissé de 10 litres……………….	30	171	
		430	Soufre en canons (pour désinfections)……………… A.	Id.	» 20	5 »	3 »	1 »	»	Id. de 6 litres………………	30	172	
		441	Tanin……………………	Id.	7 »	» 100	» 050	» 020	»	Flacon dit poudrier, de 25 centilitr.	30	120	
		446	Thé de Chine………………	Id.	6 50	1 »	» 750	» 500	» 200	Id. de 1 litre………………	30	117	
		448	Tilleul : fleur………………	Id.	2 »	1 »	» 500	» 250	»	Boîte en chêne, petite…………	30	30	
		452	Vaseline blanche……………	Id.	2 50	2 »	1 »	» 500	»	Pot de pharmacie avec couvercle, de 1 litre………………	30	181	
		463	Zinc. Chlorure de zinc liquide (pour désinfections)………	Id.	» 30	10 »	5 »	2 »	»	Bouteille en verre noir, de 5 litres	30	38	
		465	Sulfate de zinc officinal…….	Id.	2 »	» 050	» 030	» 010	»	Flacon dit poudrier, de 12 centilitr.	30	121	
2	Médicaments (au nombre)..	1	Capsule d'huile éthérée de fougère mâle, à 5 décigrammes (1)	Nombre	» 10	» 100	» 60	40 »	20				
		1^{3}	Capsule de copahu…………	Id.	» 03	» 800	» 400	»	»	Flacon dit poudrier, de 1 litre….	30	117	Ne seront prescrites qu'à titre exceptionnel.
		2	Cataplasme Lelièvre……….	Id.	» 15	» 60	6 ou un multiple de 6						
		7	Granule d'acide arsénieux à 1 milligramme (1)…………	Id.	» 01	1 000	100 — de 100						(1) Délivrés par flacon de 100.
		14	Papier sinapisé (la feuille)…..	Id.	» 05	» 50	25 — de 25						
		16	Taffetas anglais (bande de 10 centimètres sur 5)………	Id.	» 10	1 »	»	»	»				
3	Médicaments (au mètre)…	1	Baudruche gommée, de $0^m,10$ de largeur……………….	Mètre	» 70	1 »	»	»	»	Bocal pour fleurs et racines, de 1 litre…………………….	30	27	Couvert avec une capsule. (Ces 3 substances seront placées dans le même bocal.)
		2	Percaline agglutinative de $0^m,10$	Id.	» 20	2 »	»	»	»				
		3^{2}	Sparadrap caoutchouté mercuriel de $0^m,20$ de large…….	Id.	2 »	2 »	1 »	»	»	Etui en fer-blanc pour 4 mètres de sparadrap………………….	5	11	Ne seront accordés qu'après épuisement complet des approvisionnements de sparadrap emplastique de diachylon gommé et de sparadrap emplastique mercuriel.
		3^{5}	Sparadrap caoutchouté simple de $0^m,20$ de large……….	Id.	1 »	2 »	1 »	»	»	Id………………………	5	11	
		4	Sparadrap emplastique de diachylon gommé, de $0^m,20$…..	Id.	» 50	4 »	»	»	»	Id………………………	5	11	
		6	Sparadrap emplastique mercuriel, de $0^m,20$…………..	Id.	» 80	1 »	»	»	»	Etui en fer-blanc pour 2 mètres de sparadrap, en $0^m,20$…….	5	12	
		7	Sparadrap emplastique révulsif de thapsia, de $0^m,20$………	Id.	» 80	1 »	»	»	»				
		8	Sparadrap emplastique vésicant sur toile cirée, de $0^m,22$…..	Id.	2 30	1 »	»	»	»				

DÉNOMINATION ET CLASSIFICATION DES MATIÈRES ET OBJETS				UNITÉ réglementaire.	PRIX ministériel.	QUANTITÉS FIXES pouvant être demandées pour 3 mois.				DÉSIGNATION DES CONTENANTS.	NUMÉROS d'ordre par		OBSERVATIONS.
PAR UNITÉ SOMMAIRE.		PAR UNITÉ DÉTAILLÉE.											
Numéro	Dénomination.	Numéro	Dénomination.		fr. c.						unité sommaire.	unité détaillée.	
4	Accessoires de pharmacie (au poids)....	6	Papier parchemin............	Kil.	3 »	» 500	»	»	»				
		1	Boites en sapin, assorties.. A.	Nombre	1 10 le cent	» 25	»	»	»				
		2	Bouchon de liège, grand.... A.	Id.	2 80 le cent	» 25	»	»	»	....			Un certain nombre de ces bouchons pourront être demandés paraffinés.
		3	— petit..... A.	Id.	1 80 le cent	» 50	»	»	»	....			
		7	Etiquettes à bocaux non imprimées, blanches ou rouge orangé, de 9, de 11 et de 13 centimètres....................	Id.	1 50 le cent	suivant les besoins.							
		8	Etiquettes passe-partout blanches ou rouge orangé, de 6, de 8 et de 10 centimètres.....	Id.	» 50 le cent								
5	Accessoires de pharmacie (au nombre)..	10	Etui en fer-blanc, pour pilules.	Id.	» 10	2 »	»	»	»				
		11	— pour 4 mètres de sparadrap en 0m,20....	Id.	» 45	1 »	»	»	»				
		12	— pour 2 mètres de sparadrap en 0m,20....	Id.	» 35	1 »	»	»	»				
		14	Fiole à médecine (verre blanc ou jaune) de 250 millilitres.	Id.	» 10	10 »	»	»	»	....			Ces fioles seront utilisées comme poudriers pour l'expédition des médicaments aux infirmeries.
		15	— de 125 millilitres.	Id.	» 08	30 »	»	»	»	....			
		16	— de 60 millilitres.	Id.	» 06	20 »	»	»	»	....			
		17	— de 30 millilitres.	Id.	» 05	10 »	»	»	»	....			
		18	Pain azyme rond............	Id.	» 30 le cent	100 »	»	»	»				
		20	Papier à filtrer ordinaire, blanc ou gris.	Id.	» 60 la main	1 »	»	»	»				
		24	Papier bulle, dit à enveloppes. A.	Id.	» 50 la main	1 »	»	»	»				
		26	Papier rouge orangé, gommé, pour étiqueter les médicaments dangereux.......	Id.	2 » la main	1/4	»	»	»	....			6 feuilles.
7	Réactifs et accessoires de laboratoire (au poids)........	97	Réactif cupro sodique.........	Kil.	3 50	» 100	»	»	»	Flacon, dit goulot, de 12 centilitres	30	111	Bouchon en caoutchouc.
		109	Sodium, Soude caustique à la chaux......................	Id.	2 »	» 010	»	»	»	Id................................	30	111	En solution au dixième. Bouchon en caoutchouc.

DÉNOMINATION ET CLASSIFICATION DES MATIÈRES ET OBJETS.				UNITÉ réglementaire.	PRIX ministériel.	QUANTITÉS FIXES pouvant être demandées pour 3 mois.				DÉSIGNATION DES CONTENANTS.	NUMÉROS d'ordre par		OBSERVATIONS.
PAR UNITÉ SOMMAIRE.		PAR UNITÉ DÉTAILLÉE.											
Numéro	Dénomination.	Numéro	Dénomination.								unité sommaire.	unité détaillée.	
					fr. c.								
8	Réactifs et accessoires de laboratoire (au nombre)......	1	Agitateur en verre...........	Nombre	» 10	4 »	»	»	»				
		4	Bouchon en caoutchouc de 19 à 5mm de diamètre inférieur...	Id.	» 30	3 »	»	»	»	.. :	»	»	Pour le perchlorure de fer, la liqueur cupro-sodique et la sonde caustique en solution au 1/10°.
		18	Papier tournesol bleu ou rouge.	Id.	» 15 le cahier	2 »	»	»	»				
		22	Tube fermé, pour essais, de 16 centimètres de long, sur 15 millimètres de diamètre	Id.	1 » la dizaine	10 »	»	»	»				
		23	Valet en paille tressée	Id.	» 50	2 »	»	»	»				
10	Matières et objets de pansement (au poids)........	4	Talc de Venise en poudre.....	Kil.	» 50	1 000	» 500	» 250	»	Flacon dit poudrier, de 1 litre	30	117	Passé au tamis fin.

DÉNOMINATION ET CLASSIFICATION DES MATIÈRES ET OBJETS				UNITÉ réglementaire.	PRIX ministériel.	QUANTITÉS fixes constituant l'approvisionnement d'une infirmerie.	OBSERVATIONS.
PAR UNITÉ SOMMAIRE.		PAR UNITÉ DÉTAILLÉE.					
Numéro	Dénomination.	Numéro	Dénomination.				
					fr. c.		
		1	Bandage carré..	Nombre	» 70	4	
		2	— de corps..	Id.	1 20	4	
		3	— en T..	Id.	» 90	2	
		4	— triangulaire..	Id.	» 40	2	
		9	Bande roulée, en flanelle, de 3m sur 0m,05..................	Id.	» 70	4	
		10	— — de 5m sur 0m,07..................	Id.	1 30	4	
		17	— en toile, de 3m sur 0m,03..................	Id.	» 20		
		18	— — de 3m sur 0m,04..................	Id.	» 20		
		19	— — de 3m sur 0m,05..................	Id.	» 25		
		20	— — de 3m sur 0m,055..................	Id.	» 25	Suivant les besoins.	
		21	— — de 3m sur 0m,06..................	Id.	» 25		
		22	— — de 4m,50 sur 0m,085..................	Id.	» 30		
		24	Compresse en toile, grande..................................	Id.	» 25		
9	Matières et objets de pansement (au nombre)......	25	— — moyenne..................................	Id.	» 15		
		26	— — petite..................................	Id.	» 10		
		27	Coton cardé supérieur (paquet de 0k,500)..................	Id.	2 »	8	Enveloppé de papier imperméable.
		28	Coton hydrophile (paquet de 0k,250)..................	Id.	2 »	2	*Idem.*
		31	Drap en toile pour pansements, grand..................	Id.	6 »	2	
		32	— — petit (demi-drap)..................	Id.	3 »	4	
		33	Drap fanon en toile, pour cuisse..................	Id.	1 50	4	
		34	— pour jambe..................	Id.	» 60	4	
		35	Echarpe quadrilatère en toile..................	Id.	1 »	4	
		36	— triangulaire en toile..................	Id.	» 60	4	
		37	Epingle à pansement..................	Id.	» 50 (le cent)	Suivant les besoins.	
		46	Soie à ligatures, antiseptique (bobine de)..................	Id.	1 50	1	Du n° 0 ou 3 ; bobine de 20 mètres.
		47	Suspensoir en toile..................	Id.	» 90	10	
		92	Tube à drainage en caoutchouc, feuille mackintosh, de 1m de long..................	Id.	1 »	2	Non perforé. Des n°s 8 et 16 de la filière métrique.
10	Matières et objets de pansement (au poids)........	1	Charpie ordinaire (1)..................	Kilog.	4 »	Suivant les besoins.	(1) Il est recommandé de stériliser la charpie par la chaleur et de l'antiseptiser au fur et à mesure des besoins, en la plongeant dans une solution antiseptique préparée extemporairement (soit solution bichlorurée au 1/1000, soit solution phéniquée au 1/20, etc.). Il ne sera plus délivré de charpie quand les approvisionnements actuellement existants seront épuisés. Nota. — Les paquets comprimés de charpie restant à confectionner pour *les remplacements* ne seront plus fournis antiseptisés. Les demandes établies à cet effet ne devront comprendre que de la charpie comprimée *ordinaire*.
		3	Coton cardé pour rembourrage..................	Id.	2 50	5	
		2	Gaze à pansement apprêtée, en 0m,65 de large..................	Mètre.	» 20	10	
11	Tissus pour pansements..	3	— non apprêtée, en 0m,70 de large..................	Id.	» 15	10	
		6	Tissu imperméable pour alèzes, en 0m,80 de large..................	Id.	3 70	6	
		7	— pour pansements, en 1m,20 de large..................	Id.	2 50	10	On commencera par délivrer, en remplacement de ce tissu, toute la gutta-percha laminée et tout le taffetas gommé qui seront disponibles dans les approvisionnements (jusqu'à épuisement).

DÉNOMINATION ET CLASSIFICATION DES MATIÈRES ET OBJETS				UNITÉ réglementaire.	PRIX ministériel.	QUANTITÉS fixes constituant l'approvisionnement d'une infirmerie.	OBSERVATIONS.
PAR UNITÉ SOMMAIRE.		PAR UNITÉ DÉTAILLÉE.					
Numéro	Dénomination.	Numéro	Dénomination.		fr. c.		
		3	Bassin à pansement réniformo, en cuivre nickelé..........	Nombre	7 »	1	
		6	— en porcelaine pour instruments, moyen............	Id.	8 »	1	
		8	Bocal pour urine ou liquides pathologiques, de 2 litres....	Id.	2 »	1	Gradué de 100 en 100 centimètres cubes.
		11	Boite en fer-blanc, avec couvercle, grande................	Id.	6 »	1	Pour renfermer les matières antiseptiques.
		12	— — petite................	Id.	4 »	1	*Idem.*
		15	Compte-gouttes à tube de caoutchouc, pour instillations...	Id.	» 25	2	
		18	Cuvette à pansement en fer battu étamé, grande....... A.	Id.	1 »	2	
		23	Irrigateur Egnisier de 1 litre..........................	Id.	10 »	1	
		28	Lacs en treillis avec boucle............................	Id.	» 25	10	
12	Objets accessoires pour pansements..	33	Œillère en verre.......................................	Id.	» 25	5	
		36	Papier imperméable (feuille de)........................	Id.	» 20	Suivant les besoins.	
		38	Pinceau en blaireau pour pansements, petit...........A.	Id.	» 50	5	
		40	Ruban métrique....................................... A.	Id	» 30	1	
		44	Seringue en étain de 50 centilitres.....................	Id.	7 »	1	
		46	— en verre pour injections avec étui..............	Id.	» 15	Suivant les besoins.	
		47	Ventouse en verre, grande............................A.	Id.	» 30	4	
		48	— moyenne..........................A.	Id.	» 25	8	
		49	— petite............................A.	Id.	» 20	4	
		2	Appareil Raoult Deslongchamps pour la cuisse, avec ailerons, côté droit...	Nombre	4 »	1	
		3	— — côté gauche.	Id.	4 »	1	En zinc laminé n° 12.
		4	pour la jambe........................	Id.	3 »	2	
		34	Bandage à fracture pour avant-bras.....................	Id.	2 »	1	
		35	— pour bras...........................	Id.	2 »	1	
		36	— pour cuisse.........................	Id.	10 »	1	
		37	— pour jambe..........................	Id.	6 »	1	
		41	Cerceau à fracture, moyen. .... A.	Id.	1 30	4	
		51	Coussin matelassé pour gouttière de bras et avant-bras, côté droit........	Id.	1 30	1	
		52	— côté gauche...........	Id.	1 30	1	
13	Appareils et objets pour fractures (au nombre)......	59	cuisse et jambe, côté droit..................	Id.	3 »	1	
		60	— côté gauche..................	Id.	3 »	1	
		64	jambe...........................	Id.	2 50	1	
		65	Coussin ordinaire, grand..............................	Id.	1 20	2	N'est garni qu'au moment du besoin.
		66	— moyen...............................	Id.	» 80	2	*Idem.*
		67	— petit................................	Id.	» 60	2	*Idem.*
		71	Gouttière en fil de fer pour bras et avant-bras, côté droit..................	Id.	1 50	1	
		72	— côté gauche..............	Id.	1 50	1	
		83	cuisse et jambe, côté droit, grande............	Id.	3 »	1	
		84	— — petite............	Id.	2 75	1	
		85	— côté gauche, grande..........	Id.	3 »	1	
		86	— — petite..........	Id.	2 75	1	
		92	jambe................................	Id.	2 »	2	

DÉNOMINATION ET CLASSIFICATION DES MATIÈRES ET OBJETS				UNITÉ réglementaire.	PRIX ministériel.	QUANTITÉS fixes constituant l'approvisionnement d'une infirmerie.	OBSERVATIONS.
PAR UNITÉ SOMMAIRE.		PAR UNITÉ DÉTAILLÉE.					
Numéro	Dénomination.	Numéro	Dénomination.				
					fr. c.		
16	Appareils de prothèse et d'orthopédie..	7	Béquille à sabot mobile en caoutchouc, moyenne (1).......	Nombre	8 »	2	(1) Les béquilles de l'ancien modèle seront, jusqu'à épuisement des quantités existantes, délivrées en remplacement de celles du modèle réglementaire.
		9	Béquillon..	Id.	1 »	2	
		28	Bande en caoutchouc, pour l'hémostase chirurgicale, petite.	Nombre	2 50	1	
		106	Cautère conique....................................	Id.	2 50	1	
		112	— olivaire, courbe.................................	Id.	2 50	1	
		169	Davier à manche quadrillé, courbe..................	Id.	3 50	1	
		170	— — droit..	Id.	3 50	1	
		179	Echelle typographique..............................	Id.	3 »	1	
18	Instruments et objets composant les boîtes du nouvel arsenal chirurgical.........	187	Epingle à suture...................................	Id.	» 50 (le cent)	Suivant les besoins.	Grosses, moyennes ou fines (de 70, 60, 50 ou 40 centièmes de millimètre de diamètre).
		225	Lancette à saigner.................................	Id.	1 »	1	
		226	— à vacciner.......................................	Id.	1 »	5	
		247	Manche à cautère...................................	Id.	4 75	1	
		266	Ophthalmoscope mobile (dans une boite en gainerie).......	Id.	16 »	1	
		270	Otoscope simple, de Toynbée (tube en caoutchouc).........	Id.	3 50	1	
		295	Pince courbe, pour racines.........................	Id.	9 »	1	
		324	Poire de Politzer, avec tube en caoutchouc olive et canule conique..........................	Id.	10 »	1	
		394	Sonde d'Itard, en argent...........................	Id.	4 50	1	
		407	Spéculum de Politzer, en argent (paire de) des nos 1 et 2...	Id.	9 »	1	
		1	Abaisse-langue.....................................	Nombre	3 50	1	
		3	Aiguilles à suture (paquet de 12)..................	Id.	3 »	1	Courbes et demi-courbes. Assorties.
		15	Burin courbe pour nettoyer les dents...............	Id.	2 »	1	
21	Instruments et objets indépendants des boites de l'arsenal chirurgical.........	16	Canule à trachéotomie, à plaque ordinaire, avec mandrin conducteur de Krishaber, du no 2	Id.	15 »	1	(voir tableau ci-dessous, canule no 2)
		18	— no 5..................	Id.	18 »	1	(voir tableau ci-dessous, canule no 5)
		28	Curette tranchante de Volkmann, no 6...............	Id.	7 »	1	Pour la récolte de la pulpe vaccinale de génisse. Réservée aux infirmeries qui pratiquent la vaccination animale.
		33	Excavateur courbe pour les dents...................	Id.	2 »		
		34	Feuille à température..............................	Id.	1 » (le cent)	Suivant les besoins.	
		36	Fil d'argent moyen (rouleau de 0m,50)..............	Id.	1 »	1	
		37	— fin —	Id.	» 50	1	De 0m,0005 d'épaisseur.
		38	Fouloir à pointe dentée pour les dents.............	Id.	2 »	1	De 0m,0003 d'épaisseur.
		39	Grattoir légèrement courbe pour les dents..........	Id.	2 »	1	
		41	Gutta-percha pour obturer les dents (boites de)...........	Id.	7 »	1	Comprenant 1 boîte de gutta-percha pour obturation provisoire et 1 boîte plus petite de gutta-percha pour obturation définitive.

Numéro de la canule d'après le catalogue.	Taille approximative de l'opéré.	Diamètre de l'orifice interne de la canule interne du côté le plus étroit.	Longueur de la canule.	Poids des 2 canules en argent (sans le mandrin) l'argent est à 900 millièmes.
2	0m,90 1re enfance	0m,004	0m,050	8 gr. 03
5	1m,50 jeunes gens	0m,007	0m,065	13 gr. 62

DÉNOMINATION ET CLASSIFICATION DES MATIÈRES ET OBJETS — PAR UNITÉ SOMMAIRE. Numéro	PAR UNITÉ SOMMAIRE. Dénomination.	PAR UNITÉ DÉTAILLÉE. Numéro	PAR UNITÉ DÉTAILLÉE. Dénomination.	UNITÉ réglementaire.	PRIX ministériel.	QUANTITÉS fixes constituant l'approvisionnement d'une infirmerie.	OBSERVATIONS.
					fr. c.		
21	Instruments et objets indépendants des boîtes de l'arsenal chirurgical (*suite*)..	43	Miroir pour les dents....................................	Nombre	6 »	1	
		44	Pelote compressive de Larrey, ovale....................	Id.	» 50	2	
		56	Seringue de Pravaz en argent, à serrage..................	Id.	20 »	1	Avec 2 aiguilles droites et une canule courbe pour le point lacrymal.
		58	— en caoutchouc durci, grande, avec 2 canules....	Id.	15 »	1	Pouvant contenir 100 cent. cubes de liquide corrosif.
		61^2	— stérilisable pour sérothérapie..............	Id.	10 »	1	Ne sera accordée qu'aux infirmeries des garnisons dépourvues d'hôpital militaire, d'hospice mixte ou d'hospice civil proprement dit.
		62	Sonde pour les dents.....................................	Id.	2 »	1	
		63	Spéculum en bois, nº 2..................................	Id.	6 »	1	
		65	Stéthoscope ordinaire en bois............................	Id.	1 50	1	
		68	Thermomètre à alcool, pour les salles....................	Id.	1 50	4	
		71	— médical..	Id.	5 »	3	Gradué au 10e de 32° à 44°. Dans un étui nickelé.
		72	Tube de Faucher avec entonnoir..........................	Id.	14 »	1	
23	Instruments et objets pour la vaccination.	1	Aiguille à vaccination, à talon bouclé....................	Nombre	» 25	5	Pouvant être montée sur la pince à verrou.
		2	Lancette à manche pour la vaccination des génisses......	Id.	2 50	2	Réservée aux infirmeries qui pratiquent la vaccination animale.
		3	Muselière en osier avec courroies, pour les génisses... A.	Id.	5 »	1	*Idem.*
		4	Pince de Chambon, pour la vaccination animale...........	Id.	5 »	4	*Idem.*
		5	Table pour la vaccination animale.................... A.	Id.	100 »	1	A bascule et à échancrure, munie d'une courroie abdominale à une boucle de 2 mèt. sur $0^m,08$, et de 3 lanières en cuir de 3 mèt. sur $0^m,02$. — Ne sera accordée que très exceptionnellement. Dans ce cas, elle devra être, autant que possible, confectionnée sur place.
		6	Tube capillaire pour la lymphe vaccinale humaine.........	Id.	2 » (le cent)	50	
		7	Tube destiné à la récolte de la lymphe vaccinale de génisse	Id.	3 » (le cent)	50	Tube cylindrique terminé par deux extrémités effilées.
		8	Tube pour vaccin de génisse à l'état de pulpe glycérinée...	Id.	3 » (le cent)	25	Tube cylindrique à fermer avec un bouchon.
		9	— — — — pulvérisée...	Id.	2 50 (le cent)	25	Tube cylindrique muni d'un étranglement à fermer soit à la lampe, soit avec un bouchon.
26	Lunettes et accessoires...	1	Disque optométrique.	Nombre	35 »	1	
27	Sondes, bougies, canules et accessoires.	1	Bougie en gomme, à 2 boules, exploratrice...............	Nombre	1 50	4	Des nos 6, 7, 8 et 9 de la filière métrique. — Renfermées dans 1 boite pour sondes et bougies uréthrales en fer-blanc.
		15	Sonde en caoutchouc rouge, à œil travaillé, de $0^m,32$ (de Nélaton)...	Id.	1 »	3	Des nos 13, 15 et 17 de la filière métrique.
		20	Sonde en gomme, conique, avec olive..	Id.	2 »	4	Des nos 10, 12, 14 et 16 de la filière métrique.
29	Appareils et instruments de physique et de chimie.......	34	Ballon non tubulé, de 25 centilitres et au-dessous.........	Nombre	» 20	2	
		219	Pince en bois pour matras................................	Id.	» 80	1	
		246	Support en bois pour 12 tubes à essai.....................	Id.	2 »	1	
		280	Verre à expérience, avec bec de 250 grammes.............	Id.	» 50	1	
		281	— — — 125 grammes..............	Id.	» 40	2	
		282	— — — 60 grammes et au-dessous.	Id.	» 30	2	

DÉNOMINATION ET CLASSIFICATION DES MATIÈRES ET OBJETS							
PAR UNITÉ SOMMAIRE.		PAR UNITÉ DÉTAILLÉE.		UNITÉ réglementaire.	PRIX ministériel.	QUANTITÉS fixes constituant l'approvisionnement d'une infirmerie.	OBSERVATIONS.
Numéro	Dénomination.	Numéro	Dénomination.		fr. c.		
30	Appareils et instruments de pharmacie.	27	Bocal pour fleurs et racines, de 1 litre	Nombre	» 30	2	
		30	Boite en chêne petite	Id.	4 50	1	
		31	Boite en fer-blanc pour 1 kilog. de sulfate de quinine,	Id.	» 75	1	
		38	Bouteille en verre noir, non bouchée, de 5 litres	Id.	0 60	Suivant	
		41	Bouteille en verre noir, non bouchée, de 2 litres	Id.	» 30	les besoins.	
		43	Capsule vernie vert clair, pour bocaux de 1 litre	Id.	» 50	2	
		51	Compte-gouttes normal	Id.	» 70	1	
		68	Entonnoir en verre double, de 1 litre	Id.	» 40	1	
		69	— — — 50 centilitres	Id.	» 30	1	
		71	— — — 12 centilitres	Id.	» 15	1	
		75	Eprouvette à pied, graduée, de 50 centimètres cubes	Id.	2 50	1	Pour distribuer la solution de sulfate de quinine.
		76	— — — 20 centimètres cubes	Id.	2 »	1	Pour mesurer la solution de sublimé corrosif concentré au 10ᵉ.
		88	Flacon, large ouverture, bouché à l'émeri, de 25 centilitres.	Id.	» 50		Dont un en verre jaune.
		89	— — — — de 12 centilitres.	Id.	» 40		
		90	— — — — de 6 centilitres.	Id.	» 30		
		91	— — — — de 3 centilitres.	Id.	» 20		Dont un en verre jaune.
		97	Flacon, ouverture ordinaire, bouché à l'émeri, de 1 litre	Id.	» 80		
		99	— — — — — de 50 centilit.	Id.	» 60		
		100	— — — — — de 25 centilit.	Id.	» 50		Dont un en verre jaune.
		101	— — — — — de 12 centilit.	Id.	» 40		
		107	Flacon, dit goulot, de 1 litre	Id.	» 40	Suivant	
		110	— — de 25 centilitres	Id.	» 20	les	
		111	— — de 12 centilitres	Id.	» 20	besoins.	
		115	Flacon, dit poudrier, de 2 litres	Id.	» 60		
		117	— — de 1 litre	Id.	» 40		
		119	— — de 50 centilitres	Id.	» 20		
		120	— — de 25 centilitres	Id.	» 20		
		121	— — de 12 centilitres	Id.	» 10		
		122	— — de 6 centilitres	Id.	» 10		
		123	— — de 3 centilitres	Id.	» 05		
		124	— — de 1 centilitre	Id.	» 05		
		127	Fourneau à gaz à deux foyers	Id.	20 »	1	Forme rectangulaire, de 0ᵐ,54 de table, avec champignon double pour l'un des foyers et trois entrées à robinet.
		161	Mortier en porcelaine émaillée, de 1 litre	Id.	6 »	1	Avec pilon assorti.
		171	Pot cylindrique en grès non vernissé, de 10 litres	Id.	» 70		
		172	— — — de 6 litres	Id.	» 50		
		173	— — — de 4 litres	Id.	» 40	Suivant	
		175	Pot cylindrique en grès vernissé, de 10 litres	Id.	2 »	les	Seront fournis avec broche en liège.
		176	— — — de 6 litres	Id.	1 20	besoins.	
		177	— — — de 4 litres	Id.	» 80		
		178	— — — de 2 litres	Id.	» 50		
		179	— — — de 1 litre	Id.	» 30		
		181	Pot de pharmacie avec couvercle, de 1 litre	Id.	2 50	4	
		198	Seau gradué, de 15 litres, en fer battu étamé	Id.	5 »	1	

DÉNOMINATION ET CLASSIFICATION DES MATIÈRES ET OBJETS							
PAR UNITÉ SOMMAIRE.		PAR UNITÉ DÉTAILLÉE.		UNITÉ réglementaire.	PRIX ministériel.	QUANTITÉS fixes constituant l'approvisionnement d'une infirmerie.	OBSERVATIONS.
Numéro	Dénomination.	Numéro	Dénomination.		fr. c.		
30	Appareils et instruments de pharmacie (*suite*)........	206	Spatule en fer, à grain et à poudre....................	Nombre	3 »	1	
		208	— — ordinaire, de 30 centimètres..............	Id.	1 »	1	
		210	— en os, de 16 centimètres..............	Id.	» 70	1	
		211	— — de 11 centimètres..............	Id.	» 60	1	
		231	Trébuchet à pédale sensible au centigramme	Id.	37 »	1	Pour peser 30 grammes. Fléau et contre-platine en acier. Tablette en marbre. Doubles plateaux en nickel. Pince en laiton.
		233	Verre gradué, pour eau distillée, de 250 grammes........	Id.	3 »	1	
		235	— — — de 60 grammes........	Id.	1 50	1	
31	Objets de couchage.....	»	Descente de lit....................................	Nombre	» 50	Suivant le nombre de lits.	Longueur : 0m,70. Largeur : 0m,50. Confectionnées avec des couvertures grises réformées et bordées en ganse de laine rouge.
32	Habillement, linge et chaussure	1	Blouse de corvée....................................	Nombre	4 »	2	
		20	Gilet de flanelle....................................	Id.	5 50	4	
		21	Manches en serge noire (paire de).... .... A.	Id.	2 »	2	
		26	Pantoufles (paire de)	Id.	4 »	Suivant le nombre de lits.	Des pointures 28, 29, 30, 31 et 32.
		27	Peignoir de molleton....................................	Id.	15 »	2	
		29	Sarrau de médecin....................................	Id.	7 »	3	
		30	Tablier d'infirmier....................................	Id.	1 40	6	
		31	— de médecin....................................	Id.	3 »	4	
33	Lingerie de service.......	6	Serviette de toile pour la toilette..........................	Nombre	1 20	12	
		7	Torchon	Id.	» 70	20	
34	Objets à l'usage des malades.........	2	Bassin de lit, en porcelaine....................................	Nombre	2 50	2	
		5	Crachoir avec couvercle, en porcelaine....................	Id.	1 »	10	
		7	Génieux en faïence....................................	Id.	» 20	10	
		8	Lampe-veilleuse, en porcelaine..................................	Id.	1 70	2	Avec sa cafetière et son godet.
		9	Moine en étain....................................	Id.	7 »	1	
		11	Pot à tisane avec couvercle, en porcelaine..................	Id.	1 80	10	
		12	Seau d'aisance inodore, en cuivre..............................	Id.	45 »	1	Avec lunette mobile et couvercle en bois. Toutefois, jusqu'à épuisement des quantités existantes, ces seaux seront remplacés par des chaises percées avec bassine.
		14	Urinal en verre	Id.	2 50	2	
		15	Vase de nuit, en porcelaine....................................	Id.	1 50	2	

DÉNOMINATION ET CLASSIFICATION DES MATIÈRES ET OBJETS				UNITÉ réglementaire.	PRIX ministériel.	QUANTITÉS fixes constituant l'approvisionnement d'une infirmerie.	OBSERVATIONS.
PAR UNITÉ SOMMAIRE.		PAR UNITÉ DÉTAILLÉE.					
Numéro	Dénomination.	Numéro	Dénomination.		fr. c.		
35	Objets pour le service des bains.........	12	Baignoire de bras en zinc........	Nombre	10 »	1	
		16	— de corps en zinc.....	Id.	60 »	1	
		19	— de pieds en zinc..................................	Id.	8 »	1	
		21	— de siège en zinc..........	Id.	17 »	1	
		38	Peignoir en toile..	Id.	3 50	2	
		39	Planchette dite descente de bain...................... A.	Id.	1 50	1	
		41	Thermomètre pour les bains......................... A.	Id.	2 »	1	
36	Objets pour le service de la buanderie....	20	Lessiveuse avec foyer, pour 6 kil. de linge........... . A.	Nombre	26 »	1	Composée de : 1 lessiveuse, 1 foyer en fonte, 1 coude, 3 tuyaux de 0m,33 et 1 tuyau à clef.
		21	— — pour 4 kil. de linge............. A.	Id.	12 »	1	
37	Objets pour le service de la cuisine.......	14	Bouilloire en cuivre de 2 litres.......................... A.	Nombre	6 »	1	
		28	Cafetière à filtre, en fer-blanc, de 2 litres.............. A.	Id.	1 70	1	
		36	Casserole en fer battu étamé, avec couvercle, de 4 litres...	Id.	5 »	1	
		38	— — — — de 2 litres...	Id.	2 50	1	
		58	Couteau de cuisine, à émincer, petit..........................	Id.	1 50	1	
		65	Cuiller à bouillon, en fer battu, de 50 centilitres...........	Id.	1 20	1	
		115	Passoire en fer-blanc, petite.......................... A.	Id.	1 »	1	
38	Objets pour le service de la cave et de la dépense......	26	Entonnoir ordinaire en fer-blanc, de 1 litre............. A.	Nombre	» 70	1	
		32	Main à denrées, petite..... .... A.	Id.	1 20	1	
39	Objets pour les repas.....	18	Carafe en verre renforcé.............................. A.	Nombre	» 80	1	Pour l'eau des malades.
		39	Planchette pour les repas..	Id.	3 50	5	
		52	Salière.................. .... A.	Id.	» 50	2	
		64	Verre à boire ordinaire .... A.	Id.	» 30	10	
43	Balances, poids et mesures...........	10	Balance Roberval de la portée de 2 kil....	Nombre	9 »	1	
		14	Boîte de poids de 2 k. 001 en cuivre........................	Id.	10 »	1	Comprenant : 1 poids de 1 kilog., 1 de 500 gr., 1 de 200 gr., 2 de 100 gr., 1 de 50 gr., 1 de 20 gr., 2 de 10 gr., 1 de 5 gr., 2 de 2 gr., 1 de 1 gr., 8 divisions du gramme et 1 pince.
		30	Mesure en étain : litre..	Id.	5 50	1	
		31	— — demi-litre	Id.	4 »	1	
		32	— — double décilitre....	Id.	2 »	1	
44	Chauffage et éclairage.....	1	Abat-jour pour lampe, complet......................... A.	Nombre	1 50	1	
		14	Ciseau à lampe, grand..	Id.	2 »	1	
		26	Lampe à alcool, à crémaillère, avec sa bouilloire...........	Id.	3 70	1	
		29	Lampe à modérateur, petite......................... A.	Id.	7 50	1	
		32	Lanterne carrée, portative, avec lampe et porte-bougie....	Id.	8 »	1	Avec 2 verres de rechange. (Toutefois, des lanternes non réglementaires existant en magasin seront, jusqu'à nouvel ordre, délivrées en remplacement de celles-ci.)
		63	Réchaud ordinaire en tôle............................ A.	Id.	3 »	1	

Dénomination et classification des matières et objets				Unité réglementaire.	Prix ministériel.	Quantités fixes constituant l'approvisionnement d'une infirmerie.	Observations.
Par unité sommaire.		Par unité détaillée.					
Numéro	Dénomination.	Numéro	Dénomination.		fr. c.		
49	Meubles ...	50	Table de nuit pour soldats..........	Nombre	25 »	Suivant le nombre de lits, à raison de 1 pour 2 lits.	En chêne poli, avec dessus de marbre. Toutefois, les tables de nuit non réglementaires existant dans les magasins seront délivrées jusqu'à nouvel ordre.
50	Objets de bureau.......	18	Planchette de visite garnie d'un encrier..........	Nombre	1 50	1	
51	Objets mobiliers et ustensiles en bois.........	9	Crachoir en bois, doublé en zinc, grand.......... A.	Nombre	2 25	2	En chêne. Pour corridors.
		10	— — — — petit.......... A.	Id.	1 50	5	En chêne.
53	Objets mobiliers et ustensiles en métal..........	1	Arrosoir de salle de 3 litres en fer-blanc..........	Nombre	1 50	1	
		16	Ciseaux moyens (paire de).......... A.	Id.	1 50	1	
		22	Cuvette en tôle émaillée.......... A.	Id.	3 »	4	
		32	Piton de tringle.......... A.	Id.	» 10	Suivant les besoins.	
		39	Seau sans couvercle, en zinc, de 15 litres.......... A.	Id.	3 »	1	
		41	Tringle de croisée, grande, en fer forgé.......... A.	Id.	1 50	Suivant les besoins.	
54	Objets mobiliers et ustensiles en terre, pierre et verre	4	Cruche en grès.......... A.	Nombre	1 »	Suivant les besoins.	
		5	Cruchon en grès.......... A.	Id.	» 30	2	
		6	Cuvette en porcelaine.......... A.	Id.	1 50	1	
		13	Pot à l'eau en porcelaine.......... A.	Id.	1 50	1	
		16	Terrine en grès de 10 litres.......... A.	Id.	1 50	1	
		17	— — de 5 litres.......... A.	Id.	» 80	1	
		19	— — de 2 litres.......... A.	Id.	» 40	1	
55	Rideaux, housses et accessoires.....	3	Embrasse pour rideaux en coton.......... A.	Nombre	1 »	Suivant la largeur des fenêtres et les besoins.	
		6	Rideau en coton écru en deux lés, au-dessus de 3 mètres.......... A.	Id.	12 »		
		7	— — — de 2m,01 à 3 mètres... A.	Id.	8 »		
		8	— — — de 2m et au-dessous.. A.	Id.	6 »		
		9	Rideau en coton écru en un lé, au-dessus de 3 mètres.......... A.	Id.	6 »		
		10	— — — de 2m,01 à 3 mètres...... A.	Id.	4 »		
		11	— — — de 2 mètres et au-dessous A.	Id.	3 »		

DÉNOMINATION ET CLASSIFICATION DES MATIÈRES ET OBJETS							
PAR UNITÉ SOMMAIRE.		PAR UNITÉ DÉTAILLÉE.		UNITÉ réglementaire.	PRIX ministériel.	QUANTITÉS fixes constituant l'approvisionnement d'une infirmerie.	OBSERVATIONS.
Numéro	Dénomination.	Numéro	Dénomination.		fr. c.		
57	Tapis (au mètre carré)..	6	Toile cirée pour table.............................. A.	Mètre carré	2 50	Suivant les besoins.	
59	Bibliothèques.	»	Formulaire pharmaceutique........................	Nombre	1 50	1	Ces ouvrages, ayant déjà été l'objet d'une répartition, ne devront plus être portés sur les demandes trimestrielles. Les remplacements seront demandés par lettre spéciale et motivée. NOTA. — Des catalogues cotés et parafés par le médecin-chef font connaître la nature, le nombre et la valeur des objets compris sous le n° 59 sommaire, et présentent toutes les subdivisions nécessaires, suivant l'importance des collections.
		»	Règlement sur le service de santé à l'intérieur (2 volumes)	Id.	5 »	1	
		»	— — — en campagne....... ...	Id.	2 50	1	
		»	Archives de médecine et de pharmacie militaires.........	Id.	»	la collect.	
		»	Ecole de l'infirmier militaire (1re et 2e parties)............	Id.	» 70	4	
		»	Ecole de l'infirmier et du brancardier militaires (8e partie)................................	Id.	» 80	4	
		»	Manuel des pensions..................................	Id.	3 »	1	
71	Objets pour le service de santé en campagne........	31	Boîte pour sondes et bougies uréthrales, en fer-blanc.....	Nombre	3 »	1	
»	Objets de consommation	»	Eponges ordinaires.............................. A.	Kilog.	15 »	Suivant les besoins.	(1) L'huile et les mèches ne doivent être employées que pour garnir la lampe à modérateur mise à la disposition du médecin. L'éclairage des salles est assuré au moyen des fonds de la masse d'infirmerie.
		»	Huile à brûler (1)................................ A.	Id.	1 20		
		»	Mèches diverses (1)............................... A.	Id.	6 »		
		»	Savonnette ordinaire.............................. A.	Nombre	» 30		
		»	— antiseptique.............................. A.	Id.	» 50		
		»	Verre de lampe.................................... A.	Id.	» 25		
		»	Tube en caoutchouc pour fourneau à gaz............ A	Mètre.	1 50		

Paris et Limoges. — Imprimerie militaire Henri Charles-Lavauzelle.

Librairie militaire Henri CHARLES-LAVAUZELLE

Paris, 11, place Saint-André-des-Arts.

5

www.ingramcontent.com/pod-product-compliance
Ingram Content Group UK Ltd.
Pitfield, Milton Keynes, MK11 3LW, UK
UKHW020450220726
13923UKWH00005B/2461